I0152121

CANTIQUES

A L'USAGE

DES RETRAITES ET MISSIONS.

16664

IMPRIMATUR.

Lugd., 24 Octobris 1868.

DE SERRES, *vic. gén.*

Bar-le-Duc. — Imprimé par Contant-Laguerre.

CANTIQUES

131/68

A L'USAGE

DES RETRAITES & MISSIONS

PRÊCHÉES

Par les RR. PP. CAPUCINS

« Que sert à l'homme de gagner
l'univers, s'il vient à perdre son
âme !

(Paroles de N.-S.)

LYON

LIBRAIRIE ECCLÉSIASTIQUE DE BRIDAY

Avenue de l'Archevêché, 3

—

1869

CANTIQUES

À L'USAGE

DES RETRAITES ET MISSIONS.

✝ Au Nom du Père, et du Fils, et du Saint-Esprit.
Ainsi soit-il.

Notre Père qui êtes aux cieux, que votre nom soit sanctifié, que votre règne arrive, que votre volonté soit faite en la terre comme au ciel. Donnez-nous aujourd'hui notre pain quotidien, et pardonnez-nous nos offenses comme nous pardonnons à ceux qui nous ont offensés; et ne nous induisez point en tentation, mais délivrez-nous du mal. Ainsi soit-il.

Je vous salue, Marie, pleine de grâce; le Seigneur est avec vous; vous êtes bénie entre toutes les femmes, et Jésus, le fruit de vos entrailles, est béni.

Sainte Marie, Mère de Dieu, priez pour nous, pauvres pécheurs, maintenant et à l'heure de notre mort. Ainsi soit-il.

Je crois en Dieu, le Père tout-puissant, Créateur du ciel et de la terre, et en Jésus-Christ, son Fils unique, notre Seigneur, qui a été conçu du Saint-Esprit, est né de la Vierge Marie, a souffert sous Ponce Pilate, a été crucifié, est mort et a été enseveli, est descendu aux enfers, le troisième jour est ressuscité des morts, est monté aux cieux, est assis à la droite de Dieu le Père tout-puissant, d'où il viendra juger les vivants et les morts. Je crois au Saint-Esprit, la sainte Église catholique, la communion des Saints, la rémission des péchés, la résurrection de la chair, la vie éternelle. Ainsi soit-il.

Gloire soit au Père, au Fils et au Saint-Esprit. Maintenant comme au commencement et dans tous les siècles des siècles. Ainsi soit-il.

LES COMMANDEMENTS DE DIEU.

1. Un seul Dieu tu adoreras
   Et aimeras parfaitement.
2. Dieu en vain tu ne jureras,
   Ni autre chose pareillement.
3. Les dimanches tu garderas
   En servant Dieu dévotement.
4. Tes père et mère honoreras,
   Afin que tu vives longuement.
5. Homicide point ne seras,
   De fait ni volontairement.
6. Luxurieux point ne seras,
   De corps ni de consentement.
7. Le bien d'autrui tu ne prendras,
   Ni retiendras à ton escient.
8. Faux témoignage ne diras,
   Ni ne mentiras aucunement.
9. L'œuvre de chair ne désireras
   Qu'en mariage seulement.
10. Biens d'autrui ne convoiteras,
    Pour les avoir injustement.

LES COMMANDEMENTS DE L'ÉGLISE.

1. Les fêtes tu sanctifieras
   Qui te sont de commandement.
2. Les dimanches la Messe ouïras,
   Et les fêtes pareillement.
3. Tous les péchés confesseras
   A tout le moins une fois l'an.
4. Ton Créateur tu recevras,
   Au moins à Pâques humblement.
5. Quatre-Temps, Vigiles jeûneras,
   Et le Carême entièrement.
6. Vendredi chair ne mangeras,
   Ni le samedi mêmement.

Refrain. — Et dans ton cœur,
    Pour ton bonheur,
Garde la loi de ton Sauveur (*bis*).
Vive le Seigneur, le Seigneur, le Seigneur.
Vive le Seigneur dans tous les cœurs.

Nº 1. OUVERTURE DE LA MISSION.

Refrain. Accourez, peuple fidèle,
Venez à la Mission,
Le Seigneur, qui vous appelle,
Veut votre conversion.

Un Dieu vient se faire entendre;
Cher peuple, quelle faveur !
A sa voix il faut vous rendre,
Il demande votre cœur.

Loin de vous toute injustice,
Loin de vous toute division ;
Que partout se rétablissent
La concorde et l'union.

Dans l'état le plus horrible
Le péché vous a réduits,
Mais, à vos malheurs sensible
Vers vous Dieu nous a conduits.

Sans tarder, changez de vie,
Sur vos maux pleurez pécheurs;
C'est Dieu qui vous y convie,
N'endurcissez pas vos cœurs.

Sur vous il fera reluire
Une céleste clarté ;
Dans vos cœurs il va produire
Le feu de la charité.

Ah ! Seigneur, qu'enfin se fasse
Ce précieux changement;
Dans les cœurs, par votre grâce
Venez agir fortement.

Hélas ! trop longtemps le crime
Eut à vos yeux des attraits ;
Qu'un saint désir vous anime,
Renoncez-y pour jamais.

Brisez, ô Dieu de clémence,
Leur coupable dureté,
Qu'une sainte pénitence
Lave notre iniquité.

O vous, toujours attendrie,
Sur les maux de vos enfants,
Daignez en faire, ô Marie !
Autant de cœurs repentants.

Nº 2. INVOCATION AU SAINT-ESPRIT.

Refrain. — Esprit-Saint, descendez en nous, *(bis.)*
Embrasez notre cœur de vos feux les plus doux, *(bis.)*

Sans vous notre vaine prudence
Ne peut, hélas ! que s'égarer,
Ah ! dissipez notre ignorance,   *(bis.)*
Esprit d'intelligence,
Venez nous éclairer.

Le noir enfer, pour nous faire la guerre,
Se réunit au monde séducteur ;
Tout est pour nous embûche sur la terre ;
Soyez, soyez notre libérateur.　　　　(bis.)

Enseignez-nous la divine sagesse,
Seule elle peut nous conduire au bonheur ;
Dans ses sentiers qu'heureuse est la jeunesse ;
　　Qu'heureuse est la vieillesse.

No 3.　　　　　**AUTRE INVOCATION.**

Esprit-Saint, comblez nos vœux,
　Embrasez nos âmes
　Des plus vives flammes :
Esprit saint, comblez nos vœux,
　Embrasez nos âmes
　De vos plus doux feux.

Seul auteur de tous les dons,	Voyez notre aveuglement,
De vous seul nous attendons	Nos maux, notre égarement,
Tout notre secours,	Rendez-nous à vous
Dans ces saints jours.	Et changez-nous.

No 4.　　　　**AVANT LA BÉNÉDICTION.**

Mon doux Jésus, enfin voici le temps
De pardonner à nos cœurs pénitents ;
Nous n'offenserons jamais plus
　Votre bonté suprême ;
Nous n'offenserons jamais plus
　Votre bonté suprême,
　　O doux Jésus.

Parce Domine.....

Puisqu'un pécheur vous a coûté si cher,
Faites-lui grâce, il ne veut plus pécher.

Ah! ne perdez pas, cette fois,
  La conquête admirable,
Ah! ne perdez pas, cette fois,
  La conquête admirable
    De votre croix.

Parce Domine.....

Enfin, mon Dieu, nous sommes à genoux
Pour vous prier de pardonner à tous;
  Pardonnez-nous, ô Dieu clément!
    Lavez-nous de nos crimes;
  Pardonnez-nous, ô Dieu clément!
    Lavez-nous de nos crimes
      Dans votre sang.

Parce Domine.....

Nº 5.   IMPORTANCE DU SALUT.

Travaillez à votre salut;
Quand on le veut il est facile;
Chrétiens, n'ayez point d'autre but,
Sans lui tout devient inutile.

Refr. — Sans le salut, pensez-y bien,
  Tout ne vous servira de rien.

Oh! que l'on perd en le perdant!
On perd le céleste héritage,
Au lieu d'un bonheur si charmant
On a l'enfer pour son partage.

Que sert de gagner l'univers,
Dit Jésus, si l'on perd son âme,
Et s'il faut au fond des enfers
Brûler dans l'éternelle flamme?

Rien n'est digne d'empressement,
Si ce n'est la vie éternelle;
Tout le reste est amusement,
Tout n'est que pure bagatelle.

C'est pour toute une éternité,
Qu'on est heureux ou misérable ;
Que devant cette vérité
Tout ce qui passe est méprisable !

Grand Dieu ! Que tant que nous vivrons
Cette vérité nous pénètre ;
Ah ! faites que nous nous sauvions,
A quelque prix que ce puisse être.

N° 6.   **MÊME SUJET.**

Nous n'avons à faire
Que notre salut ;   (bis.)
C'est là notre but,
C'est là notre unique affaire.
Nous serons heureux
En cherchant les cieux. (bis.)

Notre âme immortelle
Est faite pour Dieu,   (bis.)
La terre est trop peu,
Ou plutôt n'est rien pour elle :
Nous serons heureux
En cherchant les cieux. (bis.)

Perte universelle !
Perdre son Sauveur ;   (bis.)
Perdre son bonheur ;
Perdre la vie éternelle !
Afin d'être heureux
Nous cherchons les cieux. (bis.)

Prends pour toi la terre,
Avare indigent ;   (bis.)
Pour l'or et l'argent
Entreprends procès et guerre ;
Pour nous, plus heureux,
Nous cherchons les cieux. (bis.)

Recherche, âme immonde,
Selon tes désirs,   (bis.)
Les biens, les plaisirs,
Et les honneurs de ce monde ;
Pour nous, plus heureux,
Nous cherchons les cieux. (bis.)

Poursuis la fumée
D'un bien passager ;   (bis.)
Gagne un monde entier :
Quel gain si l'âme est damnée !
Pour nous, plus heureux,
Nous cherchons les cieux. (bis.)

Nous cherchons la grâce,
Le reste n'est rien ;   (bis.)
Ce n'est pas un bien,
Dès lors qu'il trompe et qu'il
Afin d'être heureux,   [passe ;
Nous cherchons les cieux. (bis.)

Point d'autre excellence
Que l'humilité ;   (bis.)
Notre pauvreté
Fait toute notre abondance ;
L'objet de nos vœux,
C'est d'aller aux cieux. (bis.)

Notre savoir-faire
Est tout dans la croix :   (bis.)
Si nous sommes rois,
Ce n'est que sur le Calvaire ;
L'objet de nos vœux,
C'est d'aller aux cieux. (bis.)

Nous cherchons la vie,
La gloire et la paix   (bis.)
Qui durent à jamais ;
En avez-vous quelque envie ?
Venez, suivez-nous,
Et nous l'aurons tous. (bis.)

No. 7. VANITÉS !!!

Tout n'est que vanité,
Mensonge, fragilité ;
Dans tous ces objets divers
Qu'offre à nos regards l'univers.
Tous ces brillants dehors,
Cette pompe,
Ces biens, ces trésors,
Tout nous trompe,
Tout nous éblouit ;
Mais tout nous échappe et nous fuit.

Que sont tous ces honneurs,
Ces titres, ces noms flatteurs ?
Où vont de l'ambitieux,
Les projets, les soins et les vœux ?
Vaine ombre, pur néant,
Vil atome,
Mensonge amusant,
Vrai fantôme
Qui s'évanouit
Après qu'il l'a toujours séduit.

Telles qu'on voit les fleurs,
Avec leurs vives couleurs,
Eclore, s'épanouir,
Se faner, tomber et périr ;
Tel est des vains attraits
Le partage ;
Tels l'éclat, les traits
Du bel âge,
Après quelques jours,
Perdent leur beauté pour toujours

Tel qui voit aujourd'hui
Ramper au-dessous de lui
Un peuple d'adorateurs,
Qui brigue à l'envi ses faveurs :
Tel devenu demain
La victime
D'un revers soudain
Qui l'opprime :
Nouveau malheureux,
Est esclave et rampe comme eux.

En vain pour être heureux
Le jeune voluptueux
Se plonge dans les douceurs
Qu'offrent les mondains séducteurs
Plus il suit les plaisirs
Qui l'enchantent,
Et moins ses désirs
Se contentent :
Le bonheur le fuit
A mesure qu'il le poursuit.

J'ai vu l'impie heureux
Porter son air fastueux
Et son front audacieux
Au-dessus du cèdre orgueilleux ;
Au loin tout révérait
Sa puissance,
Et tout adorait
Sa présence.
Je passe... et soudain
Il n'est plus, je le cherche en vain.

Que doivent devenir,
Pour l'homme qui doit mourir,
Ces biens longtemps amassés,
Cet argent, cet or entassés,
Fût-il du genre humain
Seul le maître,
Pour lui tout enfin
Cesse d'être,
Au jour de son deuil
Il n'a plus à lui qu'un cercueil.

Que sont donc devenus
Ces grands, ces guerriers connus,
Ces hommes dont les exploits
Ont soumis la terre à leurs lois ?
Les traits éblouissants
De leur gloire,
Leurs noms florissants,
Leur mémoire,
Avec les héros
Sont entrés au sein des tombeaux.

Au savant orgueilleux
Que sert un génie heureux,
Un nom devenu fameux
Par mille travaux glorieux;
Non, les plus beaux talents,
L'éloquence,
Les succès brillants,
La science,
Ne servent de rien
A qui ne sait vivre en chrétien.

La mort, dans son courroux,
Dispense à son gré les coups,
N'épargne ni le haut rang,
Ni l'éclat auguste du sang :
Tout doit un jour mourir,
Tout succombe,
Tout doit s'engloutir
Dans la tombe ;
Les sujets, les rois
Iront s'y confondre à la fois.

Arbitre des humains,
Dieu seul tient entre ses mains
Les événements divers
Et le sort de tout l'univers :
Seul il n'a qu'à parler,
Et la foudre
Va frapper, briser,
Mettre en poudre
Les plus grands héros,
Comme les plus vils vermisseaux.

Oui, la mort à son choix,
Soumet tout âge à ses lois,
Et l'homme ne fut jamais
A l'abri d'un seul de ses traits,
Comme sur son retour
La vieillesse,
Dans son plus beau jour
La jeunesse,
L'enfance au berceau;
Trouvent tour à tour leur tombeau.

Oh ! combien malheureux
Est l'homme présomptueux,
Qui, dans ce monde trompeur,
Croit pouvoir trouver son bonheur.
Dieu seul est immortel,
Immuable,
Seul grand, éternel,
Seul aimable ;
Avec son secours
Soyons à lui seul pour toujours.

N° 8. DOCTRINE CHRÉTIENNE.

1. Crois en Dieu créateur du ciel et de la terre,
Qui conserve et gouverne en maître l'univers ;
Infini, juste et bon, de l'homme il est le Père,
Réserve aux bons le ciel, aux méchants les enfers. (*bis*.)

Refrain.

Oui, Seigneur, nous croyons ces vérités divines ;
Mais daignez augmenter cette foi dans nos cœurs ;
Nul ne sera sauvé, s'il ne tient ces doctrines,
Et ne s'efforce en tout d'y conformer ses mœurs. (*bis*.)

2. Crois de la Trinité le mystère suprême :
Trois personnes en Dieu : Père, Fils, Saint-Esprit.
Ils sont tous trois égaux ; leur nature est la même ;
L'Église, notre mère, ainsi de Dieu l'apprit.   (bis.)

3. Pour laver dans son sang la tache originelle,
Crois que le Fils de Dieu pour nous s'est incarné.
Sans Jésus, l'homme était à la mort éternelle,
Pour le péché d'Adam, justement condamné.   (bis.)

4. Conçu du Saint-Esprit, né d'une Vierge-Mère,
Humble, pauvre et soumis, parmi nous il vécut :
Guérit nos maux, prêcha l'Évangile à la terre,
Et pour nous racheter, sur la croix il mourut.   (bis.)

5. Mais bientôt sur la mort remportant la victoire,
A la droite du Père il monta dans le ciel :
Un jour, nous le verrons descendre plein de gloire
Pour prononcer à tous notre arrêt éternel.   (bis.)

6. Le Père t'a créé par sa toute-puissance ;
Le Fils, pour te sauver, a versé tout son sang ;
L'Esprit-Saint de ses dons t'accordant l'abondance,
Rend ton cœur juste et saint, de Dieu te fait l'enfant. (bis.)

7. Adresse au Ciel une humble et constante prière,
Sans la grâce, à tout bien nous sommes impuissants,
De Jésus, par Marie, obtiens force et lumière,
Et surtout avec foi, recours aux sacrements.   (bis.)

8. Dieu, du grand pécheur, reçoit la pénitence ;
Reviens humble et contrit, sois franc dans tes aveux ;
Sois ferme en ton propos, sauve ton innocence
De toute occasion, de tout mal dangereux.   (bis.)

9. Pour haïr ton péché, songe aux maux qu'il amène ;
Monte au ciel en esprit, vois quel trône tu perds !...
Descends, et des damnés vois l'éternelle peine !...
Viens au Calvaire, et là verse des pleurs amers !.. (bis.)

10. Dans la communion Dieu t'offre en nourriture
Son corps, son sang, son âme et sa divinité.
S'il change ici pour toi les lois de la nature,
Il veut que ce banquet soit par toi fréquenté.   (bis.)

— ⁂ —

11. Crois encor qu'ici-bas il a fondé l'Eglise ;
De son Esprit divin il l'assiste toujours.
Comme à son chef suprême, au Pape il l'a soumise ;
Avec elle il sera jusqu'à la fin des jours.   (*bis.*)

12. Souviens-toi que, pour lui, Dieu t'a soumis la terre ;
Le temps fuit, la mort vient ; et puis, l'éternité !...
Ou le ciel ou l'enfer, au bout de la carrière.
Connais, aime et sers Dieu ; le reste est vanité.   (*bis.*)

N° 9.   SUR LE RESPECT HUMAIN.

Refrain. — Bravons les enfers ;
                    Brisons tous nos fers,
                    Sortons de l'esclavage ;
                    Unissons nos voix,
                    Rendons à la croix
              Un sincère et public hommage.

Autre refrain.

S'il le faut, nous saurons souffrir,
        Nous saurons souffrir
Plutôt qu'abjurer la loi
        Du divin roi ;
S'il le faut, nous saurons souffrir,
        Nous saurons souffrir,
        Nous saurons mourir.

Jurons haine au respect humain,
Brisons cette idole fragile ;
Sur ses débris que notre main
Elève un trône à l'Evangile !

Partout flottent les étendards
Qu'arborre à nos yeux la licence ;
Déployons à tous les regards
La bannière de l'innocence.

Tout chrétien doit être un soldat
Marchant à l'éternelle gloire ;
Quand son chef le mène au combat,
Il tient en ses mains la victoire.

Eh, quoi ! jamais au champ d'honneur
Vit-on pâlir le front des braves?
Et nous, sur les pas du Sauveur,
Aurions-nous l'âme des esclaves ?

Va, mécréant, je ne crains rien :
Tant qu'il coulera dans mes veines
Quelques gouttes de sang chrétien,
Tes ris, tes menaces sont vaines.

O Jésus ! jusqu'à mon trépas
A ta croix je serai fidèle,
Et si je ne triomphe pas,
Du moins je tomberai près d'elle.

N° 10.   MÊME SUJET.

Refr. — Armons-nous ! la voix du Seigneur,
Chrétiens, au combat nous appelle;
Ah ! voyez, voyez qu'elle est belle
La palme promise au vainqueur !
Elle est si noble, elle est si belle,   } *bis.*
La palme promise au vainqueur !

A l'aspect de notre courage,
L'enfer a frémi de courroux :
Mille ennemis fondent sur nous ,
Mais nous rions de leur rage.

Vain fantôme, idole fragile,
Trop funeste respect humain,
Tu nous menaces, mais en vain ,
Nous tous soldats de l'Evangile.

Dans tes filets, ô monde impie !
Tu voudrais enlacer nos cœurs.
Empoisonner de tes erreurs,
Le cours de toute notre vie.

Le bonheur qu'il promet sans cesse,
Pourra-t-il le donner jamais,
Ses plaisirs ont d'amers regrets,
Sa joie est une folle ivresse.

Du fond ténébreux des abîmes,
Entendez retentir ses fers ;
Du cruel tyran des enfers,
Chrétiens, serions-nous les victimes ?

Arme de l'étendard des braves,
Jésus va précéder nos pas ;
Et nous préférons les combats
Aux viles chaînes des esclaves !

Nᵒ 11. LE PÉCHEUR INVITÉ A REVENIR A DIEU.

Reviens, pécheur à ton Dieu qui t'appelle,
Viens au plus tôt te ranger sous sa loi.
Tu n'as été déjà que trop rebelle,
Reviens à lui puisqu'il revient à toi.

Voici, Seigneur, cette brebis errante,
Que vous daignez chercher depuis longtemps :
Touché, confus d'une si longue attente,
Sans plus tarder, je reviens, je me rends.

Pour t'attirer, ma voix se fait entendre ;
Sans me lasser partout je te poursuis ;
D'un Dieu pour toi, du père le plus tendre
J'ai les bontés, ingrat, et tu me fuis !

Errant, perdu, je cherchais un asile ;
Je m'efforçais de vivre sans effroi ;
Hélas ! Seigneur, pouvais-je être tranquille,
Si loin de vous, et vous si loin de moi ?

Attraits, frayeurs, remords, secret langage,
Qu'ai-je oublié dans mon amour constant ?
Ai-je pour toi dû faire davantage ?
Ai-je pour toi dû même en faire autant ?

Je me repens de ma faute passée ;
Contre le ciel, contre vous j'ai péché ;
Mais oubliez ma conduite insensée,
Et ne voyez en moi qu'un cœur touché.

No 12.   MÊME SUJET.

Enfant de Dieu , d'un Dieu chère conquête,
Qu'il acheta de son sang précieux,
Qu'as-tu donc fait de cette paix parfaite,
De son amour gage délicieux ?

Chœur. — Pécheurs, Dieu nous appelle,
     A cette voix fidèles,
Jetons-nous tous dans ses bras paternels :   } *bis.*
La paix se trouve au pied de ses autels.

Tu l'as perdu, ce divin caractère
D'enfant chéri de cet auguste Roi ;
Tu l'as souillé , ce tendre nom de frère
De ce Jésus qui s'immola pour toi.

Reviens enfin à ce Seigneur aimable
Reviens, pour toi son cœur n'est point lassé
De t'accorder un pardon ineffable ;
Le croirais-tu ? son cœur même est pressé.

Enfant prodigue, hélas ! de tant de grâces,
Ton tendre père a pleuré ton trépas ;
Tu reparais, il accourt, tu l'embrasses,
De tes erreurs il ne se souvient pas.

No 13.   REGRETS DES PÉCHEURS.

Comment goûter quelque repos
Dans les tourments d'un cœur coupable ?
Loin de vous, ô Dieu tout aimable !
Tous les biens ne sont que des maux.
J'ai fui la maison de mon père,
A la voix d'un monde enchanté :
Il promet la félicité,
Mais il n'enfante que misère.

Créateur justement jaloux,
Ah ! voyez ma douleur profonde
Ce que j'ai souffert pour le monde,
Si je l'avais souffert pour vous !

J'ai poursuivi dans les alarmes
Le fantôme des vains plaisirs :
Ah! j'ai semé dans les soupirs
Et je moissonne dans les larmes.

Qui me rendra de la vertu
Les douces, les heureuses chaînes?
Mon cœur sous le poids de ses peines,
Succombe et languit abattu.
J'espérais, ô triste folie !
Vivre tranquille et criminel;
J'oubliais l'oracle éternel :
« Il n'est point de paix pour l'impie. »

De mon abîme, ô Dieu clément !
J'ose t'adresser ma prière ;
Cesseras-tu d'être mon père,
Si je fus un indigne enfant?
Je n'ose demander ma place,
Ni prendre le nom de ton fils :
Parmi tes serviteurs admis
A ta bonté je rendrai grâce.

Ce père tendre et plein d'amour,
Mon âme, c'est ton Dieu lui-même ;
En fait-il assez pour qu'on l'aime?
Sois fidèle enfin sans retour.
Que ta bonté, Seigneur, efface
Les jours où j'oubliai ta loi!
Un pécheur qui revient à toi
Est le chef-d'œuvre de ta grâce.

Nº 14. LE PÉCHEUR IMPLORE LA MISÉRICORDE
DE DIEU.

Mon Dieu, mon cœur touché
D'avoir péché,
Demande grâce :
Couronne tes bienfaits,
Pardonne mes forfaits.
Je ne veux plus, Seigneur, encourir la disgrâce.

Refrain. — Pardon, mon Dieu, pardon,
  Mon Dieu, pardon,
  Mon Dieu, pardon,
 N'est-tu pas un Dieu bon ?
  Mon Dieu, pardon,
 N'est-tu pas un Dieu bon ?

 Hélas ! le triste cours
  Des plus beaux jours
  De ma jeunesse
 N'est qu'un tissu d'erreurs,
 De crimes, de malheurs !
Ah ! bien loin de t'aimer, je t'outrageai sans cesse.

 Tu me disais souvent :
  Viens, mon enfant,
  Ma voix t'appelle ;
 J'allais à mes plaisirs,
 Au gré de mes désirs.
Et tu pus si longtemps souffrir un fils rebelle.

 Maudit de l'univers,
  Chargé de fers,
  Souillé de crimes,
 Infortuné pécheur,
 Dans ce séjour d'horreur,
Je me verrais plongé jusqu'au fond des abîmes !

 Je tombe à tes genoux ;
  Suspends tes coups,
  O Dieu terrible !
 Vois le sang de ton fils
 Daigne entendre ses cris,
Aux vœux qu'il fait pour moi ne sois pas insensible.

 Ah ! puisse désormais
  Et pour jamais
  Mon cœur fidèle
 N'aimer que le Seigneur ;
 L'aimer avec ardeur !
Puisse-t-il mériter la couronne immortelle.

Nᵒ 15.   REGRETS AMERS DES PÉCHEURS.

Hélas quelle douleur
  Remplit mon cœur,
Fait couler mes larmes !
Hélas ! quelle douleur
  Remplit mon cœur,
De crainte et d'horreur.
  Autrefois,
Seigneur, sans alarmes,
  De tes lois
Je goûtais les charmes,
Hélas ! vœux superflus,
  Beaux jours perdus,
Vous ne serez plus.

La mort déjà me suit,
  O triste nuit,
Déjà je succombe,
La mort déjà me suit,
  Le monde fuit,
Tout s'évanouit.
  Je la vois
Entr'ouvrant matombe,
  Et sa voix
M'appelle et j'y tombe.
O mort ! cruelle mort !
  Si jeune encor !….
Quel funeste sort !….

Frémis, ingrat pécheur,
  Un Dieu vengeur,
D'un regard sévère…
Frémis, ingrat pécheur,
  Un Dieu vengeur,
Va sonder ton cœur.
  Malheureux !
Entends son tonnerre !
  Si tu peux,
Soutiens sa colère.
Frémis : seul aujourd'hui,
  Sans nul appui,
Parais devant lui.

Grand Dieu ! quel jour affreux
  Luit à mes yeux.
Quel horrible abîme !

Grand Dieu ! quel jour affreux
  Luit à mes yeux.
Quels lugubres feux !
  Oui, l'enfer,
Vengeur de mon crime,
  Est ouvert,
Attend sa victime.
Grand Dieu ! quel avenir !
  Pleurer, gémir,
Toujours te haïr.

  Beau ciel, je t'ai perdu,
    Je t'ai vendu,
  Pour de vains caprices ;
  Beau ciel, je t'ai perdu,
    Je t'ai vendu,
  Regrets superflus !
    Loin de toi
  Toutes les délices
    Sont pour moi
  De nouveaux supplices.
  Beau ciel, toi que j'aimais,
    Qui me charmais,
  Ne te voir jamais !….

  O vous, chrétiens pieux,
    Toujours heureux,
  Et pleins d'espérance,
  O vous, chrétiens pieux,
    Toujours heureux,
  Moi seul malheureux !
    J'ai voulu
  Sortir de l'enfance,
    J'ai perdu
  L'aimable innocence.
  O vous, du ciel, un jour,
    Heureuse cour,
  Adieu, sans retour.

  Non, non, c'est une erreur.
    Dans mon malheur,
  Hélas, je m'oublie ;
  Non, non, c'est une erreur
    Dans mon malheur
  Je trouve un Sauveur.

Il m'entend,
Me réconcilie,
Dans son sang
Je reprends la vie.
Non, non, je l'aime encor
Et le remords
A changé mon sort.

Jésus, manne des cieux,
Pain des heureux,
Mon cœur te réclame.

Jésus, manne des cieux,
Pain des heureux,
Viens combler mes vœux.
Désormais,
Ta divine flamme,
Pour jamais,
Embrase mon âme.
Jésus, ô mon Sauveur,
Fais de mon cœur
L'éternel bonheur.

N° 16. **LA MORT.**

A la mort, à la mort,
Pécheur, tout finira :
Le Seigneur, à la mort,
Te jugera.

Il faut mourir, il faut mourir ;
De ce monde il nous faut sortir ;
Le triste arrêt en est porté,
Il faut qu'il soit exécuté.

Comme une fleur qui se flétrit,
Ainsi bientôt l'homme périt ;
L'affreuse mort vient de ses jours,
Dans peu de temps finir le cours.

Pécheurs, approchez du cercueil,
Venez confondre votre orgueil :
Là tout ce qu'on estime tant
Est enfin réduit au néant.

O vous qui suivez vos désirs,
Qui vous plongez dans les plaisirs,
Pour vous quel affreux changement
La mort va faire en ce moment,

Adieu, famille, adieu, parents,
Adieu, chers amis, chers enfants ;
Votre cœur se désolera ;
Mais enfin tout vous quittera.

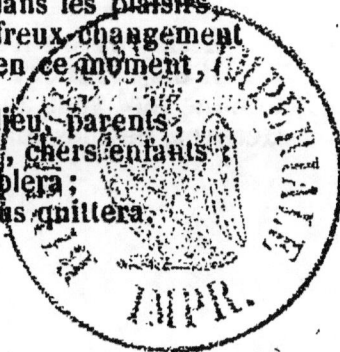

S'il fallait subir votre arrêt,
Chrétiens, qui de vous serait prêt?
Combien dont le funeste sort
Serait une éternelle mort.

N° 17.   JUGEMENT DERNIER.

Dieu va déployer sa puissance;
Le temps comme un songe s'enfuit.
Les siècles sont passés, l'éternité commence:
Le monde va rentrer dans l'horreur de la nuit.

J'entends la trompette effrayante,
Quel bruit! quels lugubres éclairs!
Le Seigneur a lancé sa foudre étincelante;
Et ses feux dévorants embrasent l'univers.

Les monts foudroyés se renversent,
Les êtres sont tous confondus :
La mer ouvre son sein, les ondes se dispersent;
Tout est dans le chaos, et le monde n'est plus.

Sortez des tombeaux, ô poussière!
Dépouille des pâles humains :
Le Seigneur vous appelle, il vous rend la lumière;
Il va sonder les cœurs et fixer les destins.

Il vient... tout est dans le silence!
Sa croix porte au loin la terreur.
Le pécheur, consterné, frémit à sa présence,
Et le juste lui-même est saisi de frayeur.

Assis sur un trône de gloire,
Il dit : Venez, ô mes élus !
Comme moi vous avez remporté la victoire;
Recevez, de mes mains, le prix de vos vertus.

N° 18.   SUR LA MORT.

Jusques à quand, enfants des hommes
Songerez-vous à vous nourrir
De chimères et de fantômes
Ignorez-vous qu'il faut mourir?
Du fond ténébreux de la tombe,
La mort m'appelle sans retour,
Encore un instant, et j'y tombe
Et vous, demain, c'est votre tour.   (bis.)

Refrain. — O mort! ô mort!
            O triste mort!
        Ne frappe pas encore.
            Hélas! je meurs,
            Comme les fleurs
        Qui n'ont vu qu'une aurore.

Tel que, dans les champs qu'il inonde,
Un torrent soudain s'engloutit
Ainsi sur la scène du monde
Toute grandeur s'anéantit.
A peine entrés dans la carrière
On vient nous dire d'en sortir ;
A peine a-t-on vu la lumière
Qu'on ferme l'œil ;.... c'est pour mourir.   (bis.)

Toi qui vivais dans l'opulence,
Fier oppresseur, quoi, tu t'endors!
Lève-toi, le moment s'avance
Qui doit te ravir tes trésors,
Entends sonner l'heure fatale,
La mort te frappe; adieu, tu meurs!
Et sur ta couche sépulcrale
Nul ne viendra verser des pleurs.   (bis.)

Où vous chercher, guerriers terribles!
Héros qu'êtes-vous devenus?
Chacun vous croyait invincibles;
Et la mort vient..... vous n'êtes plus!...

Grand Dieu ! dans la nuit éternelle,
Bien vîte est descendu leur corps ;
Hélas ! leur âme, où sera-t-elle ;
Chez les vivants ou chez les morts ?   (*bis.*)

Tel est l'arrêt ; l'Etre suprême
Triomphe ainsi de notre orgueil.
L'indigence et le diadême
Vont se briser au même écueil.
Ni les honneurs ni la puissance
Du tyran ne changent le sort ;
Devant ce Dieu tout fait silence...
Nous l'appelons..... mais il est mort.   (*bis.*)

Vers le cercueil, hommes frivoles,
En frémissant portez vos pas ;
Contemplez ces vaines idoles
Dont vous encensiez les appas.
Adieu !.... faux éclat du bel âge
Monde trompeur tu m'as séduit ;
Adieu !.. je n'aurai pour partage
Que le remords qui me poursuit.   (*bis.*)

Eveillez-vous, race coupable,
D'un père prévaricateur ;
Pour un bien vil et méprisable
Oubliez-vous le vrai bonheur ?..
Seigneur, je bénis ta sagesse ;
Détruis, si c'est ta volonté ;
Mais prends pitié de ma faiblesse
Je n'ai recours qu'à ta bonté.   (*bis.*)

N° 19.   VIVE JÉSUS !

Vive Jésus ! C'est le cri de mon âme ;
Vive Jésus ! le maître des vertus.
Aimable nom, quand ma voix te proclame,
D'un nouveau feu pour toi mon cœur s'enflamme.
          Vive Jésus !...   (*bis.*)

Vive Jésus ! C'est le cri qui rallie
Sous ses drapeaux le peuple des élus.
Suivre Jésus, c'est aussi mon envie,
Suivre Jésus, c'est mon bien, c'est ma vie,   (bis.)
    Vive Jésus !

Vive Jésus ! C'est un cri d'espérance
Pour les pécheurs repentants et confus.
Sur eux, du ciel attirant la clémence,
Ce nom sacré soutient leur pénitence.
    Vive Jésus !   (bis.)

Vive Jésus ! A ce cri de vaillance
Je verrai fuir les démons éperdus.
Un mot suffit pour dompter leur puissance,
Pour terrasser leur superbe insolence.
    Vive Jésus !   (bis.)

Vive Jésus ! Cri de reconnaissance
D'un cœur touché des biens qu'il a reçus,
L'enfer veut-il troubler sa confiance,
Il dit encore avec plus d'assurance
    Vive Jésus !   (bis.)

Vive Jésus ! C'est le cri de victoire
Qui retentit au séjour des élus,
De leurs combats consacrant la mémoire,
Ce nom puissant éternise leur gloire.
    Vive Jésus !   (bis.)

Vive Jésus ! Vive sa tendre Mère !
Elle est aussi la Mère des élus.
Si nous voulons et l'aimer et lui plaire,
Chantons Jésus, notre Dieu, notre frère :
    Vive Jésus !   (bis.)

Vive Jésus ! Qu'en tout lieu la victoire
Mette à ses pieds les méchants confondus !
O nom sacré ! nom cher à ma mémoire,
Puissé-je vivre et mourir pour ta gloire !
    Vive Jésus !   (bis.)

N° 20.   AVANTAGES DE LA FERVEUR.

Goûtez, âmes ferventes,
Goûtez votre bonheur ;
Mais demeurez constantes
Dans votre sainte ardeur.

Ier refrain.

Heureux le cœur fidèle
Où règne la ferveur,
Il possède avec elle
Tous les dons du Seigneur *(bis)*

2e refrain.

Heureux mille fois le cœur
Où règne l'innocence.
Heureux mille fois le cœur
Où règne la ferveur.

Elle est le vrai partage
Et le sceau des élus ;
Elle est l'appui, le gage
Et l'âme des vertus.

Par elle, la foi vive
S'allume dans les cœurs ;
Et sa lumière active,
Guide et règle nos mœurs,

Par elle, l'espérance
Ranime ses soupirs,
Et croit jouir d'avance
Des célestes plaisirs.

Par elle, dans les âmes
S'accroît de jour en jour
L'activité des flammes
Du pur et saint amour.

C'est elle qui de l'âme
Dévoile la grandeur,
Et le zèle s'enflamme
Par sa vive chaleur.

De l'âme pénitente
Elle adoucit les pleurs,
Et de l'âme souffrante
Elle éteint les douleurs.

Celui qui fut docile
A vivre sous ses lois,
Courut d'un pas agile
La route de la croix.

Sous ses heureux auspices,
On goûte les bienfaits,
Les charmes, les délices
De la plus douce paix.

Mais sans sa vive flamme
Tout déplaît, tout languit ;
Et la beauté de l'âme
Se fane et dépérit.

N° 21.   L'AMOUR DE DIEU.

Refrain.

De tous les biens que tu nous donnes,
Le seul qui puisse nous charmer,
Ce n'est ni l'or ni les couronnes,
Mon Dieu, c'est le don de t'aimer.   *(bis.)*

A tes attraits c'est faire outrage
Que de vouloir se partager;
C'est donc à toi que je m'engage
Aujourd'hui pour ne plus changer.

Jouet d'une fausse sagesse,
Je courais au dernier malheur;
Mais enfin de ma folle ivresse
Ta grâce a dissipé l'erreur.

Allez, allez, beautés du monde,
Tous vos appas sont superflus,
C'est sur mon Dieu que je me fonde;
D'autres biens ne me touchent plus.

Dans cet exil rien n'est durable,
Et tout y doit finir son cours.
Dieu seul est à jamais aimable;
C'est lui que j'aimerai toujours.

Dieu de mon cœur, oui, je l'atteste,
Dans ce jour j'embrasse ta loi;
A tes pieds je jure et proteste
De ne plus vivre que pour toi.

N° 22.　　　BONHEUR DU CIEL.

Sainte cité, demeure permanente,
Palais sacré, qu'habite le grand Roi,
Où doit un jour régner l'âme innocente;
Quoi de plus doux que de penser à toi !

Refrain. — O ma patrie !
　　　O mon bonheur !
　　　Toute ma vie
　　Sois le vœu de mon cœur.　　　(*bis.*)

Dans tes parvis tout n'est plus qu'allégresse;
C'est un torrent des plus chastes plaisirs :
On ne ressent ni peine ni tristesse,
On ne connaît ni plaintes ni soupirs.

Tes habitants ne craignent plus l'orage;
Ils vont au port, ils y sont pour jamais :
Un calme entier devient leur doux partage;
Dieu dans leur cœur verse un fleuve de paix.

De quel éclat ce Dieu les environne !
Ah ! je les vois tout brillants de clarté !
Rien ne saurait y flétrir leur couronne :
Leur vêtement est l'immortalité.

Beauté divine, ô beauté ravissante !
Tu fais l'objet du suprême bonheur :
Ah ! quand naîtra cette aurore brillante
Où nous pourrons contempler ta splendeur ?

Puisque Dieu seul est notre récompense,
Qu'il soit aussi la fin de nos travaux ;
Dans cette vie un moment de souffrance
Mérite au ciel un éternel repos.

N° 23. MÊME SUJET.

Refrain. — Le ciel *(ter)* en est le prix,
Le ciel *(ter)* en est le prix.

Le ciel en est le prix !
Que ces mots sont sublimes !
Des plus belles maximes
Voilà tout le précis.

Le ciel en est le prix !
Mon âme, prends courage :
Ah ! si dans l'esclavage,
Ici-bas tu gémis.

Le ciel en est le prix !
Amusement frivole.
De grand cœur je t'immole
Aux pieds du crucifix :

Le ciel en est le prix !
La loi demande-t-elle,
Fût-ce une bagatelle ?
N'importe, j'obéis ;

Le ciel en est le prix ! [me,
Un rien, Seigneur, vous char-
Que faut-il ? une larme.....
Qui n'en serait surpris ?

Le ciel en est le prix !
Rends pour moi ce service...
Fais-moi ce sacrifice...
Dieu parle, j'y souscris ;

Le ciel en est le prix !
Endurons cette injure,
L'amour-propre en murmure
Mais tout bas je me dis :

Le ciel en est le prix !
Dans l'éternel empire,
Qu'il sera doux de dire :
Tous mes maux sont finis.

N° 24. ### MÊME SUJET.

Quelle nouvelle et sainte ardeur
En ce jour transporte mon âme?
Je sens que l'Esprit créateur
De son feu tout divin m'enflamme.

Refr. — Vive Jésus, je crois, je suis chrétien;
　　　Censeurs, je vous méprise;
　　Lancez, lancez vos traits, je ne crains rien;
　　　Mon bras vainqueur les brise.

Il faut dans un noble combat,
Pour vous, Seigneur, que je m'engage;
Vous m'avez fait votre soldat,
Vous m'en donnerez le courage.

Du salut le signe sacré
Arme mon front pour ma défense;
Devant lui l'enfer conjuré,
Perdra sa funeste puissance.

Seigneur, à vos aimables lois,
Le grand nombre serait rebelle,
Que mon cœur constant dans son choix,
Y serait encore plus fidèle.

Le mépris d'un monde insensé
Pourrait-il m'alarmer encore?
Loin de m'en trouver offensé,
Je sens aujourd'hui qu'il m'honore.

Enfant des généreux Martyrs,
Puissé-je égaler leur constance,
Et trouver mes plus doux plaisirs
Au sein même de la souffrance !

A la mort fallût-il m'offrir,
Pour conserver mon innocence,
Grand Dieu, je consens à mourir,
Ne souffrez pas que je balance.

N° 25. **AMOUR A JÉSUS.**

Que Jésus est un bon maître,
Et qu'il est doux de l'aimer,
Bienheureux qui sait connaître
Combien il peut nous charmer.

Refr. — Divin Sauveur ! Beauté suprême,
Oui je vous aime, divin Sauveur
Je vous aime, je vous aime,
De tout mon cœur, de tout mon cœur.

Mettons-nous sous son empire,
Soyons à lui pour jamais,
Et que notre âme n'aspire
Qu'à goûter ses saints attraits.

Sans Jésus rien ne peut plaire,
Tout est dur, tout est amer,
Tout est disgrâce, misère,
Désespoir, tourment, enfer.

Avec lui tout est délices,
Tout est sources de douceur,
Tout est avant-goût, prémices
Du séjour de son bonheur.

Jésus seul est ma richesse,
Et mon bien et mon trésor,
Et j'estime sa tendresse
Plus que tout l'éclat de l'or.

La faveur du monde passe
Aussi prompte que le temps,
Et des longs jours de disgrâce
Suivent ces premiers instants.

De Jésus l'amour fidèle
Ne trompe jamais nos vœux
Une foi toujours nouvelle
En serre à jamais les nœuds.

De l'amour dont Jésus aime,
Rien ne peut rompre le cours,
Et l'instant de la mort même
L'unit à nous pour toujours.

Aussi veut-il qu'on le serve
Sans relâche et sans langueur,
Il ne souffre ni réserve,
Ni partage dans un cœur.

Plus ce Dieu d'amour nous aime
Plus devons-nous en retour,
Quitter et tout et nous-même,
Pour être à son seul amour.

N° 26.   PROTESTATION D'ÊTRE A JÉSUS.

Mon cœur en ce jour solennel
Il faut enfin choisir un maître,
Balancer serait criminel
Quand Dieu seul est digne de l'être.

Refrain.

C'en est donc fait, ô Dieu sauveur,
A vous seul je donne mon cœur.

A qui doit-il appartenir,
Ce cœur qui vous doit l'existence
Que vous avez daigné nourrir
De votre immortelle substance.

A chercher la félicité,
Hélas! en vain je me consume,
Loin de vous tout est vanité,
Déplaisir, tristesse, amertume.

Vous seul pouvez me rendre heureux
Je le sens, oui, votre présence
A pleinement comblé mes vœux,
Et fixé ma longue inconstance.

Que sont tous les biens d'ici-bas !
Qu'ils ont peu de valeur réelle !
Tous ensemble ils ne peuvent pas
Satisfaire une âme immortelle.

Que puis-je désirer de plus ?
Je possède mon Dieu lui-même,
Ah! tous les biens sont superflus
Quand on jouit du bien suprême.

Vous voulez bien me demander
De mon cœur la chétive offrande,
Hésiterais-je d'accorder
Ce que le Tout-puissant demande ?

Oui ce cœur vous est consacré ;
Je veux que toujours il vous aime ;
J'en atteste le don sacré
Qu'il tient de votre amour extrême.

N° 27. CANTIQUES PENDANT LA SAINTE MESSE.

A l'Introït.

Pleins d'un respect mêlé de confiance
Qu'excite en nous, Seigneur, votre présence,
Connaissant qu'à vos yeux nous sommes criminels,
Nous cherchons un asile aux pieds de vos autels.

Au Confiteor.

Oui, devant vous, Dieu saint, Dieu redoutable,
Nous confessons que tout homme est coupable :
Mais voyant que nos cœurs sont vivement touchés,
Daignez par votre grâce effacer nos péchés.

Le prêtre montant à l'autel.

Vous ne voyez en nous aucun mérite,
Mais tout le ciel pour nous vous sollicite ;
Seigneur, prêtez l'oreille à tant d'intercesseurs,
Et rendez-vous aux vœux qu'ils font pour des pécheurs.

Au Gloria in excelsis.

Gloire au Très-Haut! Gloire au Père suprême!
Gloire à son Fils aussi grand que lui-même!
Et gloire à l'Esprit-Saint, source de charité!
Paix à qui vous honore, auguste Trinité!

A l'Epître.

Eclairez-nous d'une lumière pure,
Pour pénétrer le sens de l'Ecriture,
Ou plutôt augmentez dans notre esprit la foi,
Inspirez-nous l'amour de votre sainte loi.

A l'Evangile.

Nous recevons, avec un cœur docile,
Les vérités que contient l'Evangile;
Et nous voulons, Seigneur, jusqu'au dernier instant,
Faire ce qu'il ordonne et fuir ce qu'il défend.

Au Credo.

Avec respect et d'une foi soumise,
Nous écoutons ce qu'enseigne l'Eglise;
Par elle vous parlez, suprême vérité,
Notre raison se rend à votre autorité.

A l'Offertoire.

Nous vous offrons le sang d'une victime,
Qui seule peut expier notre crime;
Et quoique votre bras soit levé contre nous,
Elle peut désarmer votre juste courroux.

Agréez donc un si grand sacrifice
Et rendez-vous à tous nos vœux propice,
Le sang que votre Fils répandit sur la croix,
Vous parle ici pour nous, écoutez-en la voix.

A la Préface.

Pour célébrer dignement vos louanges,
Nous nous joignons, Seigneur, aux chœurs des anges;
Ces heureux habitants du céleste séjour,
Viennent tous à l'envi vous faire ici leur cour.

Au Sanctus.

Que par leurs chants nos voix soient animées;
Chantons : Saint, Saint, Saint le Dieu des armées!
Grâces à ses bontés, nous avons un Sauveur;
Béni celui qui vient de la part du Seigneur.

Avant l'Elévation.

Le Dieu Sauveur parmi nous va descendre,
C'est son amour qui l'oblige à s'y rendre;
Oui, parce qu'il nous aime, à la voix d'un mortel,
Sans peine il obéit et se rend sur l'autel.

Venez, Seigneur, hâtez-vous de paraître
Pour nous servir de Victime et de Prêtre;
Nos vœux sont écoutés, Jésus descend des cieux,
Mais sous un voile obscur il se cache à nos yeux.

A l'Elévation.

Ah, le voilà !... Mortels, en sa présence
Prosternez-vous, adorez en silence :
Adorez humblement le corps du Dieu Sauveur,
Adorez humblement le sang du Rédempteur.

O doux Jésus ! ô salutaire hostie,
Qui nous ouvrez le chemin de la vie,
Désarmez l'ennemi qui, par des traits mortels,
Ose nous attaquer jusqu'aux pieds des autels.

Pour apaiser la divine justice
Vous vous offrez dans ce saint sacrifice;
Poursuivez vos desseins, venez briser nos fers,
Rachetez les pécheurs et sauvez l'univers.

Au Memento des Morts.

Dans des brasiers un peuple saint soupire :
Daignez, Seigneur, finir un tel martyre;
Descendez au plus tôt dans ce sombre séjour,
Tarissez-y les pleurs, montrez-y votre amour.

Au Pater.

Père puissant, que chacun vous bénisse,
Qu'à votre voix l'univers obéisse;

Donnez-nous notre pain, pardonnez nos forfaits,
Et du malin Esprit éloignez tous les traits.

A l'Agnus Dei.

Agneau divin, pacifique victime,
Qui de ce monde, avez porté le crime;
Achevez votre ouvrage, adorable Sauveur,
Lavez dans votre sang les taches de mon cœur.

Au Domine, non sum dignus.

Moi, m'approcher de votre sainte table!
J'en suis indigne, hélas! je suis coupable;
D'un aliment sacré, je n'ose me nourrir;
Mais d'un seul mot, Seigneur, vous pouvez me guérir.

A la Communion.

C'est votre chair; oui, votre chair si pure,
Que vous daignez m'offrir en nourriture;
C'est le sang précieux qui fut versé pour tous,
Dont vous faites encore un breuvage pour nous.

Puisque mon Dieu jusqu'à moi veut descendre,
Quelle faveur n'en dois-je pas attendre?
O prodige! ô miracle! ineffables liens!
A moi daigne s'unir, l'Auteur de tous les biens.

Après la Communion.

Divin Jésus! quelle reconnaissance
Peut égaler votre munificence!...
Possédez à jamais, pour marque de retour,
Mon âme, mes désirs, mon cœur et mon amour.

A la fin de la Messe.

C'en est donc fait, l'Auguste Sacrifice
A nos soupirs ouvre le Ciel propice;
Des oracles divins les sens sont accomplis,
La grâce est descendue et nos vœux sont remplis.

N° 28. **L'EUCHARISTIE.**

Courbons nos fronts respectueux ;
Sous ces voiles mystérieux,
L'amour cache le Roi des Cieux ;
Unissons nos pieux cantiques
Aux accents des chœurs angéliques.

Refrain. — Oh ! Jésus nous le jurons tous,
Nous n'aimerons jamais que vous,
Oh'! Jésus nous le jurons tous,
   Oui, Jésus, oui Jésus ;
Nous n'aimerons jamais que vous.
   Oui, Jésus, oui Jésus.
Nous n'aimerons jamais que vous.

Honneur au Pontife immortel
Qui chaque jour au saint autel
S'offre en sacrifice éternel :
Pour nous communiquer la vie,
Il vit et meurt en cette hostie.

N° 29. **MÊME SUJET.**

Sur cet autel quel prodige ineffable
Brille à mes yeux, se découvre à ma foi ;
Voici, mortels, le mystère adorable,
Etonnez-vous, c'est Jésus, c'est mon Roi.

Refr. — Ciel ! ciel ! oh ! quel bonheur !   } *bis.*
   Oui, c'est mon Roi, je l'adore   }
Oui, c'est mon Roi, je l'adore et je crois,
   De son amour   (*bis.*)
   Brûlons toujours,   (*bis.*)
   Toujours, toujours.

Il a voilé l'éclat de sa présence
Pour rassurer les timides mortels,
Son tendre amour nourrit ma confiance
Et me conduit au pied de ses autels.   Ciel ! etc.

Bénissez-nous du haut de votre trône,
Planez sur nous, montrez-vous en vainqueur,
Ici Jésus, ici chacun vous donne
Tout ce qu'il a, son esprit et son cœur.   Ciel! etc.

Nº 30.   **MÊME SUJET.**

Refrain.

Le voici l'agneau si doux,
Le vrai pain des anges,
Du ciel il descend pour nous,
Adorons-le tous.

C'est un tendre père,
C'est le bon pasteur,
C'est l'ami sincère,
C'est notre Sauveur.

De ta vive flamme,
Feu du saint amour,
Consume mon âme
En cet heureux jour.

Par toi saint mystère,
Objet de ma foi;
Je crois, je révère
Mon Maître et mon Roi.

Mais de ma misère,
Dieu de sainteté,
Que l'aveu sincère
Touche ta bonté.

De mon espérance
Gage précieux,
Viens par ta présence
Combler tous mes vœux.

Époux de mon âme,
Entends mes soupirs;
Mon cœur te réclame
Remplis mes désirs.

Le voici, silence !
Oh! quelle faveur !
Mon Jésus s'avance...
Il est dans mon cœur.

Actes après la Communion.

Refrain.

Je le sens le Dieu d'amour,
Le vrai pain des Anges,
Il est à moi sans retour ;
Ah! quel heureux jour !

Sa sainte présence
Remplit tout mon cœur
De reconnaissance,
D'amour, de bonheur.

Ma foi qui t'implore,
Dieu de majesté,
Dans mon cœur adore
Ta divinité.

O mon divin Maître,
Comment à jamais
Pouvoir reconnaître
Un si grand bienfait?

Des saints et des anges
Je t'offre en retour
Les vives louanges,
L'hommage et l'amour.

Fais que par ta grâce,
O mon doux Sauveur,
Rien ne te remplace
Au fond de mon cœur.

T'aimer et te suivre,
C'est tout mon désir;
Pour toi je veux vivre
Et pour toi mourir.

Sainte Eucharistie,
Tu seras toujours
Mes vœux, mon envie,
Mes plus purs amours.

Nº 31. **MÊME SUJET.**

Refrain.

Venez, Jésus, venez, ô mon Sauveur!
Venez, venez, régnez seul dans mon cœur! { *bis*

Au pied de vos autels un doux espoir m'attire;
Vous me l'avez promis, le bien que je désire.

O victime d'amour! ô salutaire hostie!
O pain délicieux, redonnez-nous la vie.

Longtemps, ah! trop longtemps, ce cœur vous fut rebelle
Désormais, je le jure, il vous sera fidèle.

Pour terminer mes maux, ô bonté tout aimable
Permettez-moi d'aller à votre sainte table.

Du plus ardent amour vous brûlez pour les âmes,
Quand pourrai-je pour vous brûler des mêmes flammes!

Vous vous êtes caché dans la divine hostie,
Pour être mon trésor, ma lumière et ma vie,

Mon guide et mon soutien, mon maître et mon modèle,
Mon doux consolateur et mon ami fidèle:

Ma victime au calvaire, ici mon espérance,
Mon refuge à la mort, au ciel ma récompense.

N° 32.   MÊME SUJET.

L'encens divin embaume cet asile ;
Quel doux concert ! quel chant mélodieux !
Mon cœur se tait, et mon âme est tranquille :
La paix du ciel habite dans ces lieux.

Réfrain. — O pain de vie !
   O mon Sauveur !
    L'âme ravie
  Trouve en vous son bonheur. } (*bis.*)

Pour embellir le temple de mon âme,
Le Très-Haut daigne y fixer son séjour ;
Je le possède, il m'inspire, il m'enflamme,
Je l'ai trouvé, je l'aime sans retour.

Je vous adore au dedans de moi-même,
Je vous contemple à l'ombre de la foi ;
O Dieu, mon tout ! ô majesté suprême !
Je ne vis plus, mais Jésus vit en moi.

Que vous rendrai-je, ô Sauveur plein de charmes,
Pour tous les dons que j'ai reçus de vous ?
Prenez ce cœur et recueillez mes larmes :
Double tribut dont vous êtes jaloux.

Je l'ai juré, je vous serai fidèle,
Je vous promets un immortel amour,
Tant qu'à la nuit une aurore nouvelle
Succédera pour ramener le jour !

Ah ! que ma langue immobile et glacée
En ce moment s'attache à mon palais,
Si de mon cœur s'efface la pensée
De votre amour comme de vos bienfaits.

N° 33.   **BON PROPOS.**

Le monde en vain , par ses biens et ses charmes
Veut m'engager à plier sous sa loi ;
Mais, pour me vaincre, il faut bien d'autres armes ;
Je ne crains rien, Jésus est avec moi.

Refrain.

O mon Dieu, que toujours je vous aime ;
De vos feux daignez me consumer.
Au cœur ingrat qui ne sait pas aimer,
Oh! mille fois, mille fois anathème!

Venez, venez, fiers enfants de la terre,
Déchaînez-vous pour me remplir d'effroi :
Quand, de concert , vous me feriez la guerre,
Je ne crains rien, Jésus est avec moi.

Cruel Satan, arme-toi de ta rage ;
Que tes démons se liguent avec toi :
Tu ne pourras abattre mon courage,
Je ne crains rien, Jésus est avec moi.

Non, non, jamais la mort la plus cruelle
Ne me fera trahir ce divin Roi ;
Jusqu'au trépas je lui serai fidèle :
Je ne crains rien, Jésus est avec moi.

Que les enfers , les airs, la terre et l'onde,
Conspirent tous à me remplir d'effroi ;
Quand je verrais sur moi crouler le monde,
Je ne crains rien, Jésus est avec moi.

Divin Jésus, mon unique espérance,
Vous pouvez tout, mon Seigneur et mon Roi,
Augmentez donc pour vous ma confiance,
Je ne crains rien, Jésus est avec moi.

Nº 34. ACTION DE GRACES.

Refrain. — Bénissons à jamais,
Le Seigneur dans ses bienfaits. } *(bis.)*

Bénissez-le, saints Anges,
Louez sa majesté;
Rendez à sa bonté
Mille et mille louanges.

Oh! que c'est un bon Père,
Qu'il a grand soin de nous!
Il nous supporte tous,
Malgré notre misère.

Comme un pasteur fidèle,
Sans craindre le travail,
Il ramène au bercail,
Une brebis rebelle.

Il a guéri mon âme,
Comme un bon médecin;
Comme un maître divin,
Il m'éclaire et m'enflamme.

Que tout loue en ma place,
Un Dieu si plein d'amour,
Qui me fait chaque jour,
Une nouvelle grâce.

Sa bonté me supporte,
Sa lumière m'instruit,
Sa beauté me ravit,
Son amour me transporte.

Dieu seul est ma tendresse,
Dieu seul est mon soutien,
Dieu seul est tout mon bien,
Ma vie et ma richesse.

Nº 35. APRÈS LA COMMUNION.

Quel beau jour! quel touchant spectacle!
Tressaillons d'amour, de bonheur,
Jésus sort de son tabernacle,
Il s'avance en triomphateur.

Refrain. — Louange, gloire,
Honneur, victoire
Au Dieu Sauveur qui triomphe en ce jour.
Transports d'ivresse,
Chants d'allégresse,
Portez jusqu'aux cieux notre amour.

Ce n'est plus au bruit du tonnerre
Qu'il s'annonce, comme autrefois;
C'est ici le plus tendre père,
C'est ici le meilleur des rois.

Pécheurs, approchez-vous sans crainte,
Il aime vos cœurs repentants;
Offrez à sa majesté sainte
Vos pleurs et vos vœux et vos chants.

Heureux peuple! en est-il un autre
Honoré de tant de faveurs?
Est-il un Dieu comme le nôtre,
Si près de ses adorateurs?

O Dieu que notre foi révère!
Comble le bonheur de ce jour,
Daigne répandre sur la terre
Tes dons, tes grâces, ton amour!

N° 36. **CONSÉCRATION A MARIE.**

Jour mille fois heureux! offrandes salutaires,
C'en est donc fait, Marie a reçu nos serments,
De la Mère d'un Dieu nous sommes les enfants,
Honneur, respect, amour à notre tendre Mère.

Chœur.

Oui, nous l'avons juré, nous sommes ses enfants,
Nous faisons de nos cœurs le don le plus sincère
Que la terre et les cieux redisent nos serments,
 Guerre au monde, à Satan, ⎫
 Guerre au monde, à Satan, ⎬ (bis.)
 Amour, amour à notre Mère, ⎭

De puissants ennemis nous déclarent la guerre :
Je sens mon cœur frémir à l'aspect des combats,
Soutiens-nous, ô Marie, à nos trop faibles bras,
Daigne ajouter l'appui de ton bras tutélaire.

Si pour nous enchaîner, des faux biens de la vie
Le monde offre à nos yeux les attraits imposteurs,
Disons-lui, repoussant ses funestes douceurs :
Mon cœur n'est plus à moi, mon cœur est à Marie.

L'enfer peut dans sa rage, exciter la tempête,
Le dragon orgueilleux peut frémir de courroux,
L'invincible Marie a triomphé pour nous,
Pour nous, du vieux serpent, elle a brisé la tête.

Oui, nous serons vainqueurs, si son bras nous seconde;
Et chargés de lauriers, dès nos plus jeunes ans,
Toujours nous foulerons sous nos pieds triomphants,
Les pompes de Satan, les vains plaisirs du monde.

Voguant sur une mer si féconde en naufrages,
- Sans guide dans la nuit, quel serait notre sort?
Brille, étoile des mers, et conduis-nous au port;
Pour nous calme les flots, dissipe les orages.

No 37.   MEMORARE.

Chœur. — Souvenez-vous, ô tendre Mère,
          Qu'on n'eut jamais recours à vous,
          Sans voir exaucer sa prière,
          Et dans ce jour exaucez-nous.   (*bis.*)

Des siècles écoulés, j'interroge l'histoire
Pour dire ses bienfaits, ils n'ont tous qu'une voix,
Verrai-je, en un seul jour, s'obscurcir tant de gloire?
L'invoquerai-je en vain, pour la première fois?

Marie aux vœux de tous prêta toujours l'oreille,
Le juste est son enfant, il peut tout sur son cœur,
Même auprès du pécheur, jour et nuit elle veille,
Il est son fils aussi, l'enfant de sa douleur.

Et moi, de mes péchés, traînant la longue chaîne
Vierge sainte, à vos pieds, j'implore mon pardon,
Me voici tout tremblant, et je n'ose qu'à peine
Lever les yeux sur vous, prononcer votre nom.

Mais quoi! Je sens mon cœur s'ouvrir à l'espérance,
Il retrouve la paix, il palpite d'amour;
Je n'ai pas vainement imploré sa clémence,
La Mère de Jésus est ma Mère en ce jour.

Mes vœux sont exaucés, puisque j'aime ma Mère,
Et que d'un feu si doux je me sens enflammé;
Je dirai donc aussi que, malgré ma misère,
Son cœur m'a répondu quand je l'ai réclamé.

Je n'ai plus qu'un désir à former sur la terre :
O ma Mère! mettez le comble à vos bienfaits,
Que j'expire à vos pieds et dans ce sanctuaire,
Si je ne dois au ciel vous aimer à jamais.

N° 38.   A MARIE.

Chœur.

Marie est notre Mère,
Nous sommes ses enfants,
Consacrons à lui plaire,   } (*bis.*)
Et nos cœurs et nos chants,
   Jurons tous,   (*bis.*)
   En ce jour,   (*bis.*)
De l'aimer, de l'aimer toujours. (*bis.*)
Toujours, toujours tu seras notre mère,   }
Toujours, toujours nous serons tes enfants. } (*bis.*)

Adressons notre hommage
A la reine des cieux;
Elle aime de notre âge
La candeur et les vœux.

Du beau nom de Marie
Faisons tout retentir,
Qu'elle-même attendrie,
Daigne nous applaudir.

Cet autel est le trône
D'où coulent ses faveurs;
Son divin Fils lui donne
Tous ses droits sur nos cœurs.

Et nous, qu'elle rassemble
Au pied de son autel,
Jurons-lui tous ensemble
Un amour éternel.

O Vierge sainte et pure !
Notre cœur en ce jour,
Vous promet et vous jure
Le plus sincère amour.

Nous voulons avec zèle
Imiter vos vertus ;
Vous êtes le modèle
Que suivent les élus.

Ah ! parmi les orages
D'un monde corrompu,
Sauvez-nous des naufrages
Où périt la vertu.

Incomparable Mère,
De vos enfants chéris
Offrez l'humble prière
A Jésus votre Fils.

No 39. MÊME SUJET.

Refrain.

De Marie
Qu'on publie
Et la gloire et les grandeurs !
Qu'on l'honore,
Qu'on l'implore,
Qu'elle règne sur nos cœurs !

Unis aux concerts des anges,
Aimable Reine des Cieux,
Nous célébrons tes louanges
Par nos chants mélodieux.

Auprès d'elle la nature
Est sans grâce et sans beauté,
Les cieux mêmes sans parure,
L'astre du jour sans clarté.

C'est le lis de la vallée
Dont le parfum précieux
Sur la terre désolée
Attira le Roi des Cieux.

C'est l'auguste sanctuaire
Que le Dieu de majesté
Inonda de sa lumière,
Embellit de sa beauté !

C'est la Vierge incomparable
Gloire et salut d'Israël,
Qui pour un monde coupable
Fléchit le courroux du Ciel

C'est la Vierge, c'est Marie
Dans ce nom que de douceur
Nom d'une mère chérie,
Nom, doux espoir du pécheur.

Oui, je veux, ô tendre Mère
Jusqu'à mon dernier soupir.
T'aimer, te servir, te plaire
Et pour toi vivre et mourir.

Nº 40. MÊME SUJET.

Refrain.

De concert avec l'ange
Quand il la salua,
Disons à sa louange
Un *Ave, Maria.* } *(bis.)*

D'une Mère chérie
Célébrons les grandeurs ;
Consacrons à Marie
Et nos voix et nos cœurs.

Que l'espoir se relève
En nos cœurs abattus ;
Par cette nouvelle Eve
Les cieux nous sont rendus.

Modeste créature,
Elle plut au Seigneur,
Et, vierge toujours pure,
Enfanta le Sauveur

O Marie, ô ma Mère !
Prenez soin de mon sort,
C'est en vous que j'espère
A la vie, à la mort.

Nous étions la conquête;
Du tyran des enfers;
En écrasant sa tête
Elle a brisé nos fers.

O céleste lumière,
O source de bonheur,
Exaucez la prière
Que vous offre mon cœur.

Obtenez-nous la grâce
A notre dernier jour,
De vous voir face à face
Au céleste séjour.

Nº 41. MÊME SUJET.

Mère de Dieu, quelle magnificence
Orne aujourd'hui cet auguste séjour !
C'est en ces lieux que mon heureuse enfance
Vint à tes pieds te vouer son amour.

Refrain. — Tendre Marie !
　　　　Ô mon bonheur !
　　　　Toujours chérie,
　　　　Tu vivras dans mon cœur. } (*bis.*)

Ô mon refuge ! ô Marie ! ô ma Mère !
Combien sur moi tu versas de bienfaits !
Combien de fois, dans ce doux sanctuaire,
Mon cœur trouva le bonheur et la paix !

Mon œil à peine avait vu la lumière,
Et ton amour veillait sur mon berceau ;
Tous mes instants, ô mon aimable Mère,
Tu les marquas par un bienfait nouveau.

Anges, soyez témoins de ma promesse ?
Cieux, écoutez ce serment solennel :
« Oui, c'en est fait, mon cœur plein de tendresse
« Jure à Marie un amour éternel. »

Si je pouvais, infidèle et volage,
Un seul instant cesser de te chérir,
Tranche mes jours à la fleur de mon âge,
Oui, j'y consens, fais-moi, fais-moi mourir.

Nº 42.　　　　　　MÊME SUJET.

Chrétiens, qui combattons aujourd'hui sur la terre,
Souvenons-nous toujours au milieu du danger,
Souvenons-nous qu'au Ciel nous avons une Mère
Dont le bras tout-puissant saura nous protéger.

Refrain. — Notre-Dame de la Victoire
　　　　De l'enfer triomphe en ce jour ;
　　　　Encore un chant de gloire,
　　　　Encore un chant d'amour. (*ter.*)

Plaçons en elle seule une ferme espérance,
Que nos cœurs dévoués l'aiment jusqu'au trépas,
Et que de notre sein son nom béni s'élance
Pour nous rallier tous au plus fort des combats.

C'est la tour de David, inexpugnable asile,
Qui du démon jaloux brave tous les assauts ;
C'est l'arche défiant, dans sa marche tranquille,
Et la fureur des vents et la rage des flots.

Dans les temps où l'erreur dominait sur le monde,
Quand l'Eglise luttait contre tous les tyrans,
Vous priiez, ô Marie! et la grâce féconde
Enfantait chaque jour de nouveaux combattants.

Plus tard, si l'hérésie arbore sa bannière,
Si l'antique serpent soudain s'est redressé,
Vierge, vous paraissez... Satan dans la poussière,
Sous votre pied vainqueur se débat écrasé.

O Vierge immaculée et mille fois bénie,
Ajoutez à vos dons un don plus précieux :
Faites qu'après le cours d'une pieuse vie,
Et pasteur et troupeau soient reçus dans les cieux.

Et si le monde encore contre nous se déchaîne,
S'il brave le Très-Haut, s'il outrage ses lois,
Marie, apprenez-nous à mépriser la haine
De tous ces ennemis qui blasphèment la croix.

Donnez à vos enfants la force et le courage,
Un courage à l'épreuve et du fer et du feu.
Prêts à sacrifier, si la lutte s'engage,
Nos âmes et nos corps en holocauste à Dieu.

N° 43. MÊME SUJET.

Je l'ai juré, j'appartiens à Marie,
Après Jésus elle est tout mon amour.
A l'honorer je consacre ma vie,
Je l'aimerai jusqu'à mon dernier jour.

Refrain. — Je l'ai juré (bis),
       C'est pour la vie ;   (bis.)
   Mon serment est sacré,
   J'appartiens à Marie.

Je l'ai juré, comme ma tendre Mère,
Je te fuirai, vain plaisir, faux honneur,
De tes attraits la douceur mensongère,
Ne trompera jamais mon faible cœur.

Je l'ai juré, Seigneur, tes tabernacles
Seront toujours ma force, mon secours :
Toujours Marie y goûta tes oracles ;
Ils seront seuls ma joie et mon amour.

Je l'ai juré, de mon aimable Mère,
Je graverai les doux traits dans mon cœur ;
A retracer une image si chère
Mon tendre amour mettra tout son bonheur.

Je l'ai juré, de ta voix, ô Marie,
Je chérirai la céleste douceur :
Sur tes leçons je réglerai ma vie,
Sur tes vertus je formerai mon cœur.

Je l'ai juré dans ce doux sanctuaire,
Chaque printemps me verra de retour.
Le cœur pressé d'y fêter une Mère ;
Y redira ses cantiques d'amour.

No 44.   MÊME SUJET.

Je mets ma confiance,
Vierge, en votre secours,
Servez-moi de défense,
Prenez soin de mes jours ;
Et quand ma dernière heure
Viendra fixer mon sort,
Obtenez que je meure
De la plus sainte mort.

A votre bienveillance,
O Vierge ! j'ai recours ;
Soyez mon assistance
En tous lieux et toujours.
Vous-même êtes ma mère,
Jésus est votre fils ;
Portez-lui la prière
De vos enfants chéris.

Sainte Vierge Marie,
Asile des pécheurs,
Prenez part, je vous prie,
A mes justes frayeurs.
Vous êtes mon refuge,
Votre Fils est mon roi,
Mais il sera mon juge :
Intercédez pour moi.

Ah ! soyez-moi propice
Quand il faudra mourir :
Apaisez sa justice,
Je crains de la subir,
Mère pleine de zèle,
Protégez votre enfant.
Je vous serai fidèle
Jusqu'au dernier instant.

Voyez couler mes larmes,
Mère du bel amour ;
Finissez mes alarmes
Dans ce triste séjour ;
Venez rompre ma chaîne
Pour m'en aller à vous ;
Aimable souveraine,
Que mon sort serait doux.

Après Dieu, Vierge Mère,
Je vous remets mon sort,
Près d'un juge sévère,
Ah ! soyez mon support.
Faites que dans la gloire,
Avec les bienheureux,
Je chante la victoire
Du monarque des Cieux.

No 45.　　　　　**MÊME SUJET.**

Vois à tes pieds, Vierge Marie,
Les enfants sur qui chaque jour,
S'épanchent de ta main chérie,
Les trésors du divin Amour.

Refrain.

Tous heureux dans ton sanctuaire,
Nous revenons célébrer tes bienfaits.
Crois en nos cœurs, auguste et tendre Mère,
Nous ne t'oublierons jamais !
Non, non, non, non, jamais ! jamais ! jamais !

Le monde, de sa folle ivresse,
En vain nous offre les douceurs ;
Loin de sa coupe enchanteresse,
Une Mère garde nos cœurs.

Cent fois, planant sur notre tête,
La foudre à menacé nos jours ;
Quand gronde la noire tempête,
Marie en détourne le cours.

Sur nous son regard tutélaire,
Toujours repose avec bonheur ;
L'encens de notre humble prière,
Attire ses dons, sa faveur.

L'enfer en vain frémit de rage,
Et contre nous lance ses traits,
Marie, aide notre courage,
Nous ne succomberons jamais.

Vierge, notre douce espérance,
Nous t'en prions, guide nos pas;
Ta main conduisit notre enfance,
Protége-nous dans les combats.

A tes bontés toujours fidèle,
Rends nos ennemis impuissants;
Daigne nous couvrir de ton aile;
Marie, exauce tes enfants.

N° 46.　　　　　MÊME SUJET.

Je la verrai, cette Mère chérie,
Ce doux espoir fait palpiter mon cœur.
Elle est si bonne et si tendre, Marie,
Un seul regard ferait tout mon bonheur !

Refrain. — Divine Marie,
　　　　　J'ai l'espoir
　　　　Au Ciel, ma patrie,　　(*bis.*)
　　　　　De te voir.

Je fus toujours l'enfant de sa tendresse,
Mais plus je suis comblé de ses bienfaits,
Et plus j'éprouve en l'âme de tristesse :
Je la chéris, je ne la vois jamais.

Je la chéris, je me plais à redire
Son nom si doux, à chaque instant du jour :
A chaque instant je me plais à l'écrire,
Je le répète et l'écris tour à tour.

Je vais cherchant son image fidèle,
Mais nulle part je ne suis satisfait;
Ah ! dans mon cœur ma Mère est bien plus belle,
Et ce tableau lui-même est imparfait.

Combien encor durera son absence?
A chaque fête elle vient en ce lieu,
Mais, sans la voir, je suis en sa présence,
Et ce jour fuit. Adieu, ma Mère, adieu !

N° 47.   **MÊME SUJET.**

Reine des cieux
Jette les yeux
Sur ce béni sanctuaire,
Et des pécheurs
Guéris les cœurs
Et montre-toi notre mère.

Ne souffre pas
Que le trépas
Nous surprenne dans le crime,
Non, ton enfant
Du noir serpent
Ne sera pas la victime.

Entends nos vœux,
Rends-nous heureux
En nous donnant la victoire,
Et pour jamais
De tes bienfaits
Nous garderons la mémoire.

Si les accents
De tes enfants
S'élèvent jusqu'à ton trône
Dans le séjour
Du bel amour
Garde-leur une couronne.

Mets en nos cœurs
Les belles fleurs
Symbole de l'innocence,
Conserve-nous
Les dons si doux
De foi, d'amour, d'espérance.

Accorde-nous
De t'aimer tous
Dans la céleste patrie,
Et d'y chanter
Et d'y fêter
L'aimable nom de Marie.

N° 48.   **MÊME SUJET.**

Faibles mortels, que l'espérance
Calme nos peines, nos douleurs :
Le Ciel sur nous, dans sa clémence,
Verse de nouvelles faveurs,
D'un nom chéri la douce gloire
Vient d'apparaître à l'univers ;
Marie a vaincu les enfers,
Et nous la proclamons Reine de la victoire.

Refrain.

Toujours, Reine des Cieux, oui, toujours à nos cœurs
Ta bannière
Sera chère,
Et sa douce lumière,
Guidant nos pas vainqueurs,

```
        Notre vie,
          O Marie !                          } (bis.)
Méritera ton amour, tes faveurs.
```

Relevez-vous, tribus lointaines,
Peuples vaincus, séchez vos pleurs ;
Soyez heureux, brisez vos chaînes,
De Satan fuyez les rigueur !
Il s'est levé le jour de gloire,
Vos soupirs ont fléchi les Cieux.
Marie, ô frères malheureux !
Se montrera pour vous Reine de la victoire.

Et vous, esclaves de la terre,
Déplorez enfin votre sort :
Ouvrez vos yeux à la lumière,
Sortez des ombres de la mort.
Unissez-vous à notre gloire,
Venez partager nos combats ;
Marie aide, soutient nos pas ;
Elle est, vous le savez, Reine de la victoire.

C'est vainement, Vierge Marie,
Que l'enfer frémit contre nous !
Tes enfants bravent sa furie
Et méprisent son noir courroux.
Sur tes pas ils verront la gloire
Toujours couronner leurs efforts,
Toujours cédant à leurs transports,
Leurs cœurs te béniront, Reine de la victoire.

Saint étendard de notre Mère,
Nous en faisons le doux serment,
Nous te suivrons dans la carrière,
Unis jusqu'au dernier moment.
Et quand viendra le jour de gloire,
Marie entendra les vainqueurs
Autour d'elle formant leurs chœurs
La proclamer encore Reine de la victoire.

N° 49.   **MÊME SUJET.**

Sainte Vierge Marie,
Aimable Mère du Sauveur,
Je vous consacre pour la vie
L'hommage de mon cœur.

Sainte Vierge Marie,
Vous êtes la porte du Ciel,
Obtenez qu'à mon agonie
J'entre en ce séjour immortel.

Sainte Vierge Marie,
Vous êtes l'étoile des mers,
Apaisez des vents la furie,
Calmez, calmez les flots amers.

Sainte Vierge Marie,
Ah! je vois l'écueil de la mort;
Sauvez ma nacelle chérie,
Venez, et montrez-moi le port.

Sainte Vierge Marie,
La terre se tut en voyant,
Le Dieu qui vous donna la vie,
Dans votre sein se faire enfant.

Sainte Vierge Marie,
O Mère du divin Amour,
Vous n'avez pas été flétrie
En donnant à Jésus le jour.

Sainte Vierge Marie,
Voyez, voyez couler nos pleurs;
Priez pour nous dans la patrie,
Priez pour nous, pauvres pécheurs.

Nº 50.   EN L'HONNEUR DE LA CROIX.

Vive Jésus! Vive sa croix!
Oh! qu'il est bien juste qu'on l'aime,
Puisqu'en expirant sur ce bois,
Il nous aima plus que lui-même!

Refrain. — Chrétiens, chantons à haute voix : } (*bis*)
      Vive Jésus, vive sa croix !

Gloire à cette divine croix,
Le Sauveur l'ayant épousée,
Elle n'est plus comme autrefois
Un objet d'horreur, de risée.

Gloire à cette divine croix,
Arbre dont le fruit salutaire
Répare le mal qu'autrefois
Fit le péché du premier père.

Gloire à cette divine croix,
C'est l'étendard de sa victoire :
Par elle il nous donna ses lois,
Par elle il entra dans sa gloire.

Gloire à cette divine croix,
De tous nos biens source féconde,
Qui dans le sang du Roi des rois
A lavé les péchés du monde.

Gloire à cette divine croix,
La chaire de son éloquence,
Où, me prêchant ce que je crois,
Il m'apprend tout par son silence.

Gloire à cette divine croix,
Ce n'est pas le bois que j'adore,
Mais c'est mon Sauveur sur ce bois
Que je révère et que j'implore.

Gloire à cette divine croix,
Prenons-la pour notre partage :
Ce juste, cet aimable choix
Conduit au céleste héritage.

N° 51.   **MÊME SUJET.**

Du vainqueur des enfers célébrons la victoire :
Réunissons nos cœurs, réunissons nos voix;
Chantons avec transport son triomphe et sa gloire;
Chantons, vive Jésus! chantons, vive sa croix.

Célébrons la victoire
D'un Dieu mort sur la croix,
Et pour chanter sa gloire
Réunissons nos voix :   (bis.)
De son amour extrême
Cédons aux traits vainqueurs.
Pour le Dieu qui nous aime
Réunissons nos cœurs.

Sa croix, heureux symbole
De son amour pour nous,
Jadis du Capitole
Chassa les dieux jaloux :
Alors dans l'esclavage,
L'homme à d'infames dieux
Payait par son hommage
Le droit d'être comme eux.

Grand Dieu, seul adorable.
Seul digne de nos chants,
Seul de l'homme coupable
Vous n'avez point d'encens;
Mais que votre tonnerre
Fasse entendre sa voix,
Et force enfin la terre
A respecter vos lois.

Mais son cœur qui s'oppose
A ses foudres vengeurs,
Par l'amour se propose
De conquérir les cœurs;
Pour expier nos crimes
Notre sang est trop peu,
Il faut d'autres victimes
Pour désarmer un Dieu.

Son Fils, Verbe adorable,
Doit tomber sous ses coups;
Son sang seul est capable
De calmer son courroux :
Pour ma grâce il soupire,
Il l'exige en mourant;
Sur la croix il expire,
Et l'univers se rend.

Tel qu'après les orages,
Le soleil radieux
Dissipe les nuages,
Rend leur éclat aux cieux.
Tel le Dieu que j'adore,
Trop longtemps ignoré,
Du couchant à l'aurore
Voit son nom adoré.

MORCEAUX LATINS.

O SALUTARIS.

O Salutaris hostia !
Quæ cœli pandis ostium,
Bella premunt hostilia,
Da robur fer auxilium.

Uni trinoque Domino,
Sit sempiterna gloria,
Qui vitam sine termino,
Nobis donet in patria. Amen.

LITANIES DE LA SAINTE VIERGE.

Kyrie, eleison.
Christe, eleison.
Kyrie, eleison.
Christe, audi nos,
Christe, exaudi nos.
Pater de cœlis, Deus, miserere nobis.
Fili, Redemptor mundi, Deus,
Spiritus Sancte, Deus,
Sancta Trinitas, unus Deus,
Sancta Maria, ora pro nobis.
Sancta Dei Genitrix,
Sancta Virgo virginum,
Mater Christi,
Mater divinæ gratiæ,
Mater purissima,
Mater castissima,
Mater inviolata,
Mater intemerata,
Mater amabilis,
Mater admirabilis,
Mater Creatoris,
Mater Salvatoris,
Virgo prudentissima,
Virgo veneranda,
Virgo prædicanda,
Virgo potens,
Virgo clemens,
Virgo fidelis,
Speculum justitiæ,
Sedes sapientiæ,
Causa nostræ lætitiæ,

Vas spirituale,
Vas honorabile,
Vas insigne devotionis,
Rosa mystica,
Turris Davidica,
Turris eburnea,
Domus aurea,
Fœderis arca,
Janua cœli,
Stella matutina,
Salus infirmorum,
Refugium peccatorum,
Consolatrix afflictorum,
Auxilium Christianorum,
Regina Angelorum,
Regina Patriarcharum,
Regina Prophetarum,
Regina Apostolorum,
Regina Martyrum,
Regina Confessorum,
Regina Virginum,
Regina Sanctorum omnium,
Regina sine labe concepta,
Agnus Dei, qui tollis peccata mundi, parce nobis, Domine.
Agnus Dei, qui tollis peccata mundi, exaudi nos, Domine.
Agnus Dei, qui tollis peccata mundi, miserere nobis.
Christe, audi nos.
Christe, exaudi nos.

℣. In conceptione tua Virgo immaculata fuisti.

℟. Ora pro nobis Patrem cujus Filium peperisti.

℣. Signasti, Domine, servum tuum Franciscum.

℟. Signis redemptionis nostræ.

℣. Oremus pro Pontifice nostro (N.).

℟. Dominus conservet eum, et vivificet eum : beatum faciat eum in terra, et non tradet eum in animam inimicorum ejus.

TANTUM ERGO.

Tantum ergo Sacramentum
Veneremur cernui :
Et antiquum documentum
Novo cedat ritui :
Præstet fides supplementum
Sensuum defectui.

Genitori, Genitoque
Laus et jubilatio,

Salus, honor, virtus quoque
Sit et benedictio,
Procedenti ab utroque
Compar sit laudatio. Amen.

℣ Panem de cœlo præstitisti eis.

℟. Omne delectamentum in se habentem.

Après la bénédiction :

Laudate Dominum omnes gentes, * laudate, eum omnes populi.

Quoniam confirmata est super nos misericordia ejus, * et veritas Domini manet in æternum.

Gloria Patri, et Filio, * et Spiritui Sancto.

Sicut erat in principio, et nunc, et semper, * et in secula seculorum. Amen.

Chœur.

Adoremus in æternum sanctissimum Sacramentum.

Ps. Laudate Dominum omnes gentes, etc.

CANTIQUE DE LA SAINTE VIERGE.

Magnificat : * anima mea Dominum,

Et exultavit spiritus meus : * in Deo salutari meo.

Quia respexit humilitatem ancillæ suæ : * ecce enim ex hoc beatam me dicent omnes generationes.

Quia fecit mihi magna qui potens est : * et sanctum nomen ejus.

Et misericordia ejus à progenie in progenies : * timentibus eum.

Fecit potentiam in brachio suo : * dispersit superbos mente cordis sui.

Deposuit potentes de sede : * et exaltavit humiles.

Esurientes implevit bonis : * et divites dimisit inanes.

Suscepit Israël puerum suum : * recordatus misericordia suæ.

Sicut locutus est ad patres nostros : * Abraham et simini ejus, in secula.

Gloria Patri, etc.

REFRAIN : *Laudate, laudate, laudate Mariam.*

Ave maris Stella,
Dei Mater Alma,
Atque semper Virgo,
Felix cœli Porta.

Sumens illud ave
Gabrielis ore,
Funda nos in pace,
Mutans Evæ nomen.

Solve vincla reis,
Profer lumen cæcis,
Mala nostra pelle,
Bona cuncta posce.

Monstra te esse Matrem,
Sumat per te preces

Qui pro nobis natus
Tulit esse tuus.

Virgo singularis,
Inter omnes mitis,
Nos culpis solutos
Mites fac et castos.

Vitam præsta puram,
Iter para tutum,
Ut, videntes Jesum,
Semper collætemur.

Sit laus Deo Patri,
Summo Christo decus,
Spiritui Sancto,
Tribus honor unus.
Amen.

DE PROFUNDIS.

De profundis clamavi ad te, Domine, * Domine, exaudi vocem meam.

Fiant aures tuæ intendentes * in vocem deprecationis meæ.

Si iniquitates observaveris, Domine; * Domine, quis sustinebit?

Quia apud te propitiatio est : * et propter legem tuam, sustinui te, Domine.

Sustinuit anima mea in verbo ejus : * speravit anima mea in Domino.

A custodia matutina usque ad noctem, * speret Israel in Domino.

Quia apud Dominum misericordia, * et copiosa apud eum redemptio.

Et ipse redimet Israël * ex omnibus iniquitatibus ejus.

Requiem æternam dona eis, Domine : et lux perpetua luceat eis.

VENI CREATOR.

Veni, Creator Spiritus,
Mentes tuorum visita,
Imple supernâ gratiâ,
Quæ tu creasti pectora.

Qui diceris Paraclitus,
Altissimi donum Dei,
Fons vivus, ignis, charitas,
Et spiritalis unctio.

Tu septiformis munere,
Digitus Paternæ dexteræ,
Tu rite promissum Patris,
Sermone ditans guttura.

Accende lumen sensibus,
Infunde amorem cordibus,
Infirma nostri corporis,
Virtute firmans perpeti.

Hostem repellas longius,
Pacemque dones protinus,
Ductore sic te prævio,
Vitemus omne noxium.

Per te sciamus da Patrem
Noscamus atque Filium.
Teque utriusque Spiritum
Credamus omni tempore.

* Deo Patri sit gloria,
Et Filio qui à mortuis
Surrexit, ac Paraclito,
In seculorum secula.
  Amen.

℣. Emitte Spiritum tuum et creabuntur ;
℟. Et renovabis faciem terræ.

Hors du Temps Pascal.

* Deo Patri sit gloria,
Ejusque soli Filio,
Cum Spiritu Paraclito,
Nunc et per omne sæculum.
  Amen.

MEMORARE, PRIÈRE DE SAINT BERNARD.

Souvenez-vous, ô très-pieuse Vierge Marie ! qu'on n'a jamais entendu dire qu'aucun de ceux qui ont eu recours à votre protection, imploré votre secours et demandé vos suffrages, ait été abandonné. Animé d'une pareille confiance, ô Reine des vierges ! je viens à vous, et gémissant sous le poids de mes péchés, je me prosterne à vos pieds. O Mère du Verbe incarné ! ne méprisez pas ma prière ; mais écoutez-la favorablement, et daignez l'exaucer. Ainsi soit-il.

RÉGLEMENT

POUR LES TEMPS DE RETRAITES ET MISSIONS.

I. *Le matin.* 1º A son réveil, faire le signe de la croix, et dire trois fois : *Mon Dieu, je vous demande la grâce de,* etc., etc. *Mon Dieu, pardonnez-moi mes péchés ; je veux me convertir et vous servir toute ma vie.* — 2º Se rendre ensuite à l'église au son de la cloche, pour entendre avec piété la sainte Messe et l'instruction.

II. *Pendant la journée.* Offrir son travail à Dieu avant de le commencer ; élever son cœur à Dieu en travaillant, par quelques aspirations courtes mais ferventes : *Mon Dieu, ayez pitié de moi! je veux me convertir! Que se-rais-je devenu sans cette mission ?* etc. — Se souvenir de ce qu'on a entendu dans les instructions, en parler en famille, éviter toute dissipation, et se tenir, autant que possible, dans le recueillement et le silence, afin *que Dieu puisse parler au cœur.*

III. *Le soir.* Se rendre à l'église au son de la cloche, pour le chant des cantiques, la Prière, l'Instruction et la Bénédiction du Saint-Sacrement ; assister à tous ces exercices avec la plus grande piété, sortir avec le plus profond recueillement, et réciter en se couchant la même prière que le matin au réveil. (*Il serait bon de faire cette prière en famille.*)

AVIS IMPORTANT.

I. Offrir à Dieu toutes ses prières et toutes ses bonnes œuvres : 1º pour sa propre conversion; — 2º pour la conversion des pécheurs ; — 3º pour les âmes du purgatoire.

II. Se souvenir que les deux actions les plus importantes sont la *confession* et la *communion*, et qu'il faut s'y préparer avec le plus grand soin. Pour cela il faut surtout s'exciter à la *contrition* de ses péchés. Les seules marques de véritable contrition sont : 1º de se corriger de ses défauts; — 2º d'éloigner l'occasion du péché; — 3º de restituer le bien mal acquis; — 4º de se réconcilier sincèrement avec le prochain.

III. Le meilleur moyen d'attirer sur soi les grâces de Dieu étant de travailler à la conversion des pécheurs, il faut sans cesse prier pour eux et s'efforcer de les ramener à Dieu par tous les moyens que peut suggérer un zèle prudent et plein de douceur. Ainsi on peut à leur intention, faire brûler un cierge devant l'autel de la Sainte-Vierge, réciter le chapelet, jeûner, faire l'aumône, le chemin de la croix, etc.

IV. Pour gagner l'indulgence plénière attachée à ces saints exercices, il faut : 1º se confesser; — 2º communier; — 3º entendre autant d'instructions que possible (on gagne 200 jours d'indulgence à chaque instruction); — 4º visiter l'église où l'on prêche et y prier aux intentions du souverain Pontife; — 5º assister à la bénédiction papale que donne le missionnaire avec la croix à la fin des exercices.

MOYENS DE PERSÉVÉRANCE

APRÈS LES MISSIONS ET LES RETRAITES.

———

(La Persévérance étant la chose la plus nécessaire, il faut prendre tous les moyens possibles pour l'assurer Le meilleur de tous est de suivre toujours un Règlement de vie. En voici les points principaux : il sera bon de s'accuser en confession si l'on y manque.)

Pratiques pour tous les jours. — I. *Le matin.* Se lever à une heure fixe, et s'habiller toujours avec modestie. Ne jamais sortir de sa chambre sans s'être mis à genoux, et si l'on n'a pas le temps de faire une longue prière, la faire plus courte, mais ne jamais manquer de faire l'*Examen de prévoyance* pour bien passer la journée, et la *Méditation*, qui consiste : 1º à réfléchir quelque temps devant Dieu ; 2º à s'exciter à l'aimer de plus en plus ; 3º à prendre une résolution ferme et pratique. *Donnez-moi un quart d'heure de méditation par jour, et je vous promets le ciel* (Sainte Thérèse). — Entendre ensuite la sainte Messe et si l'on ne peut aller à l'église, s'unir d'intention avec le prêtre et prier de cœur comme si l'on y était. (*Une seule Messe, quel trésor !!*)

II. *Pendant la journée.* Fuir l'oisiveté et s'occuper toujours à un travail utile. Offrir son travail à Dieu, et se tenir toujours et partout en sa sainte présence. Se recueillir quelques instants avant l'*Angelus* pour l'*examen particulier.*

III. *Le soir.* Faire la *visite au saint Sacrement*; si l'on ne peut se rendre à l'église, la faire à la maison. Réciter au moins une partie du *chapelet*, faire une *lecture de piété* et la *prière* en famille autant que possible. *Examiner sa conscience* et se coucher avec modestie en pensant à la mort.

Pratiques générales : 1o Être bien réglé pour les confessions et communions; ne les omettre jamais. — Eviter la sensualité et toute dépense folle et inutile, afin de secourir les *pauvres* et les *malades* et d'encourager les *bonnes œuvres*. — Ne parler jamais mal de personne. — Fuir le monde et ne lire aucun livre qui ne soit excellent (*Le nombre d'âmes que les mauvaises lectures, le luxe, les bals et le théâtre perdent tous les jours est incalculable*).

2o Entrer dans les Congrégations et Sociétés établies dans la paroisse, et être fidèle à leurs règles et à leurs réunions.

3o Enfin se rappeler que la vie chrétienne est renfermée tout entière dans ces trois mots: *Prier, se taire et souffrir;* mais après cette vie, le ciel!

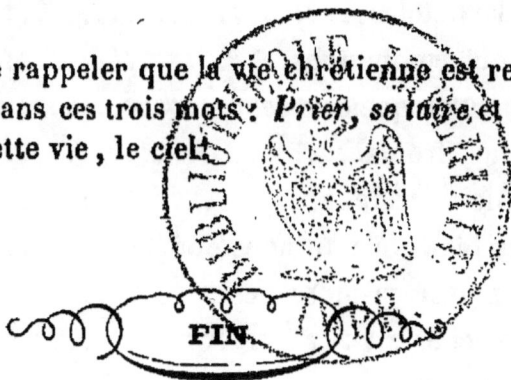

FIN.

TABLE DES MATIÈRES.

BIBLIOTHÈQUE IMPÉRIALE IMPR.

MORCEAUX LATINS.

Bar-le-Duc. — Imprimerie Contant-Laguerre.

Bar-le-Duc. — Imprimerie Contant-Laguerre

www.ingramcontent.com/pod-product-compliance
Lightning Source LLC
LaVergne TN
LVHW021724080426
835510LV00010B/1128